In den Ecken dieses Buchs siehst du, wie der Tag zur Nacht wird.

Für die menschlichen und nicht menschlichen Säugetiere meiner Familie – L. N.
Für meine Nichte und meinen Neffen, My und Huy – X. L.

Titel der Originalausgabe:
Day and Night – In 24 hours on Earth, discover the different worlds that wake up

Zuerst 2023 erschienen bei TEMPLAR BOOKS, einem Imprint von Bonnier Books UK,
4th Floor, Victoria House, Bloomsbury Square, London, WC1B 4DA;
Owned by Bonnier Books, Sveavägen 56, Stockholm, Sweden,
www.bonnierbooks.co.uk

Deutsche Erstausgabe

Projektleitung und Lektorat: Melanie Schöni, Knesebeck Verlag
Übersetzung: Katharina Herzberger, München
Umschlagadaption: Leonore Höfer, Knesebeck Verlag
Satz: Arnold & Domnick, Leipzig

ISBN 978-3-95728-849-3

www.knesebeck-verlag.de

Printed in China

MIX
Papier | Fördert gute Waldnutzung
FSC® C104723

Wenn du dieses Symbol siehst, kannst du die Seite beim Lesen unter einer Lampe aufladen. Schalte dann das Licht aus und entdecke, was im Dunkeln leuchtet!

Lela Nargi

Xuan Le

TAG *und* NACHT

Aus dem Englischen von
Katharina Herzberger

KNESEBECK

Es scheint, als würde die samtige Nacht für immer bleiben.

Aber plötzlich verändert sich etwas.

Du denkst vielleicht, dass ein Maultierhirsch **RAUBTIERE** dank seiner riesigen Ohren besser hören kann. Es sind aber sein erstaunliches Sehvermögen und sein feiner Geruchssinn, die ihn vor Raubkatzen warnen.

Maultierhirsche sind **PFLANZENFRESSER** und essen gerne Löwenzahn, Klee und Salbeisträucher.

Rehe können Blautöne gut sehen. Ein Vorteil in der tintenblauen Dämmerung.

Die tiefe, blasse Dunkelheit macht Platz für das erste Tageslicht.

In der Stille flattern die Rufe der Vögel.

Hier im Westen Nordamerikas knabbern die Maultierhirsche an Blättern, während ein Puma sie heimlich beobachtet.

Pumas jagen **BEUTE** und sind **FLEISCHFRESSER**.

Und so schleicht die Welt der Schatten auf Zehenspitzen in Richtung Tag.

Pumas jagen – gerne versteckt im Dämmerlicht – Dickhornschafe, Stachelschweine, Truthähne und sogar Insekten. Von einem erbeuteten Maultierhirsch kann sich ein Puma eine ganze Woche ernähren.

Ganz still und heimlich geht die Sonne auf. Sie streckt ihre Strahlen aus und wischt die letzten Fleckchen Nacht beiseite, während sie langsam über dem HORIZONT erscheint.

In Westaustralien glitzern die Tautropfen der letzten Nacht auf Spinnweben.

Echte Radnetzspinnen weben abends ihre Netze, um darin Insekten zu fangen. Am nächsten Tag entfernen sie diese wieder und fressen die Spinnenseide.

Der Morgentau auf dem Netz löscht den Durst der Spinne.

Die Radnetzspinnen bauen ihre Netze in Eile ab. Sie müssen zügig ein Versteck finden, da die hungrigen Honigfresser schon aus ihren Nestern fliegen.

Warum sieht die Sonne beim Sonnenaufgang rot aus? Wenn die Sonne noch tief am Himmel hängt, strahlt ihr Licht durch eine dickere Schicht der **ATMOSPHÄRE**. Auf dieser langen Reise werden die einzelnen Lichtstrahlen umgelenkt und verstreut. Nur die Rot- und Gelbtöne schaffen es zu uns.

Sehr gerne mag der Honigfresser außerdem Blumennektar, den er frühmorgens trinkt, bevor sich die Bienen ebenfalls auf die Suche nach Nektar machen.

Der Weißaugen-Honigfresser frisst die Spinnen und nutzt ihre Seide, um seine Nester aus Gras und Blättern zusammenzuhalten.

Nach und nach verdichtet sich das Morgenlicht zu einem dunklen Gold. Hier im Norden Mexikos erwachen weitere Teile der Welt.

Mexikanische Sonnenblumen wärmen sich in der Sonne. Sie bieten ihren Blütenstaub den Bienen an, die ein tiefes Summen anstimmen.

Im Laufe des Tages besuchen viele Bienen die Blumen. Aber manche **BESTÄUBER** wie die Mörtelbienen sind vor allem am frühen Morgen aktiv.

Mörtelbienen sind Einzelgänger. Sie leben allein in Nestern, die sie auf dem Boden errichten. Morgens verlassen sie ihre Nester für den Rest des Tages.

Mexikanische Sonnenblumen können ihre Köpfe nicht wie echte Sonnenblumen zur Sonne bewegen. Auch sie lieben aber die Sonnenstrahlen, die ihre Blätter aufwärmen. Ihre gelbe Farbe ist bei den Bienen sehr beliebt.

Kolibris schwirren zu röhrenförmigen Blumen, um lange und genüsslich zu trinken.

Wie Bienen sind Kolibris ebenso **BESTÄUBER**. Auch sie tragen Blütenstaub von Blume zu Blume, wodurch neue Pflanzen entstehen. Wenn ein Kolibri eine Blume anfliegt, breitet er zum Trinken seine lange Zunge aus, die zusammengerollt in seinem Kopf liegt.

Die Sonne steigt auf und wird immer heller.

Ein Rudel Afrikanischer Wildhunde ruht in der Sonne und putzt sich gegenseitig. Sie sind erschöpft von der Jagd in der Dämmerung.

Als Haustier lebt ein Hund mit seinen Menschen, begleitet sie tagsüber und schläft nachts. In der freien Natur leben Afrikanische Wildhunde in Rudeln und jagen morgens oder abends, wenn es nicht zu heiß ist.

Die Tauben stolzieren und flüstern.
Sie knabbern am Obst der Bäume.

Die Rotnasen-Grüntaube frisst vor allem Obst wie Feigen. Sie kann sich kopfüber von Ästen herabhängen lassen, um die Früchte zu erreichen. Trotz ihres feinfühligen Sehvermögens ist ihre Sicht tagsüber am besten und klarsten.

Tauben leben fast überall auf der Welt, wie hier in Südafrika. Diese klugen Tiere sind zwar als Stadtbewohner bekannt, aber es gibt über 300 wilde Taubenarten in der freien Natur, wo die Menschen ihnen keine Krümel hinterlassen.

Über den Bergen der Anden in Südamerika strahlt die spätmorgendliche Sonne wie ein Scheinwerfer.

Die Andenkondore sind die größten fliegenden Landvögel in Nord- und Südamerika und haben eine Flügelspannweite von drei Metern. Kondore sind hauptsächlich **AASFRESSER** – sie ernähren sich vom Fleisch toter Tiere, sogenanntem **AAS**. Ihre Fressgewohnheiten verhindern die Ausbreitung von Krankheiten und helfen **ÖKOSYSTEMEN** dabei, gesund zu bleiben.

Kondore segeln in warmen Luftströmen. Ihre breiten Flügel verdunkeln die Erde, während sie durch den Himmel kreisen.

Der Tag wird heißer, sodass warme Luft aufsteigt und Strömungen verursacht, auf denen diese riesigen, schweren Vögel gleiten.

Guanakos weiden tagsüber Pflanzen wie Gräser und Kräuter ab.

Diese wolligen Tiere können hervorragend hören und riechen, um nahende Gefahren frühzeitig zu bemerken. Ihre schlechten Augen können aber auch dafür sorgen, dass sie ein **RAUBTIER** erst entdecken, wenn es zu spät ist.

Die Sonne steigt höher, bis sie ganz oben steht und ihr Licht alle Schatten verschluckt.

In den tropischen Dschungeln Malaysias rasseln und schrillen die Zikaden an Baumstämmen.

Selbst an sehr heißen Sommertagen in diesem Dschungel zirpen die *Tacua-speciosa-Zikaden* laut. Bei den Männchen verursacht ein Muskel an ihrem Hinterleib namens **TYMBALORGAN** dieses Geräusch. Die Zikade drückt mit diesem **TYMBALORGAN** eine Membran ein und lässt sie dann wieder los. Dadurch entstehen sehr schnelle Klickgeräusche.

Zikadenmännchen geben Geräusche von sich, um Weibchen anzulocken.

Ganz in der Nähe streckt sich eine Winkelkopfagame auf einem Ast.

Winkelkopfagame gehören wie Chamäleons zur Familie der Schuppenechsen und können ihre Farbe ändern. So können sie sich tagsüber besser ihrer Umgebung anpassen und vor **RAUBTIEREN** verstecken.

Diese drachenartigen Reptilien verbringen ihre Tage in den Bäumen, wo sie Zikaden und andere Insekten jagen.

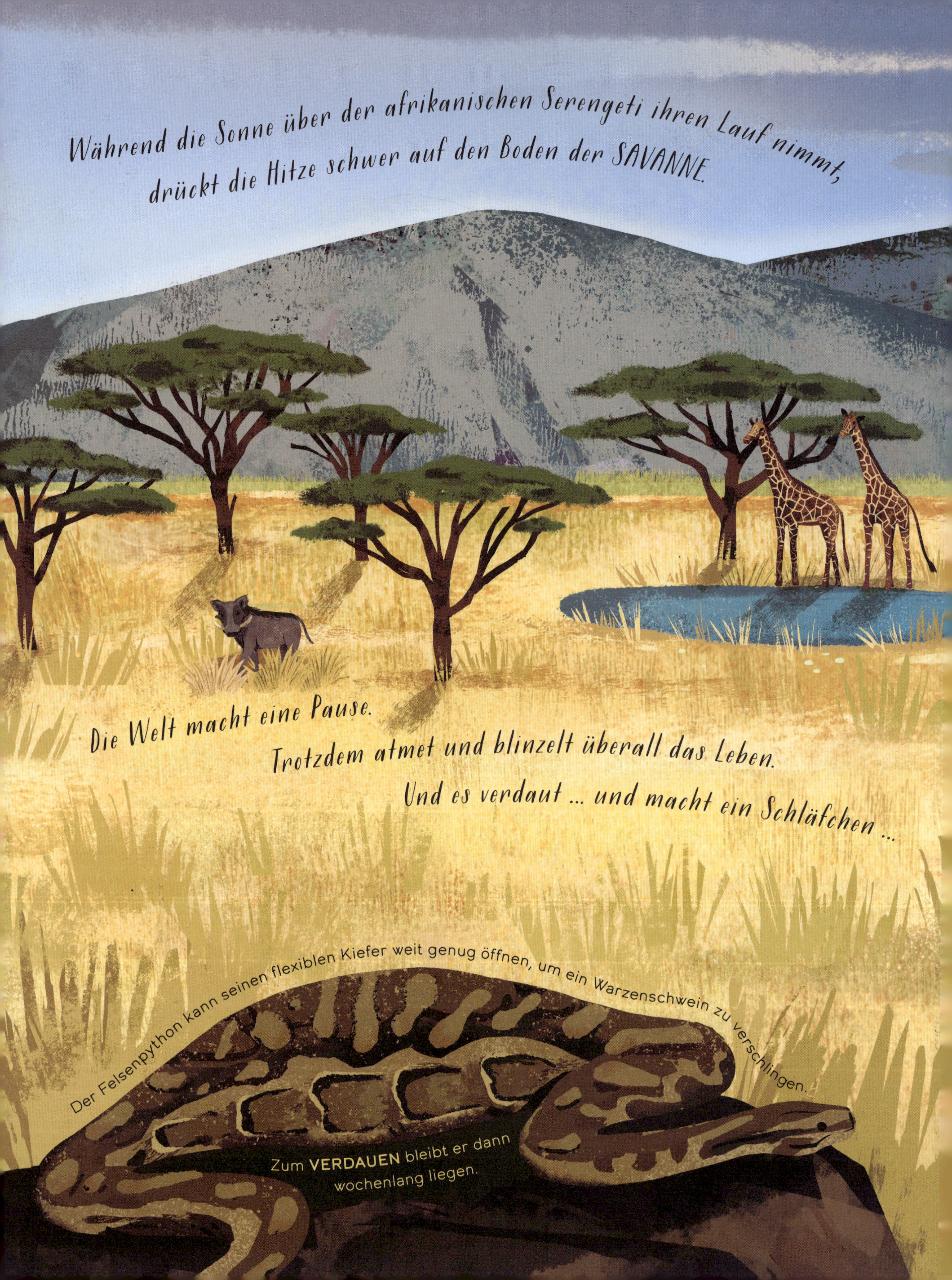

Während die Sonne über der afrikanischen Serengeti ihren Lauf nimmt, drückt die Hitze schwer auf den Boden der SAVANNE.

Die Welt macht eine Pause.

Trotzdem atmet und blinzelt überall das Leben.

Und es verdaut … und macht ein Schläfchen …

Der Felsenpython kann seinen flexiblen Kiefer weit genug öffnen, um ein Warzenschwein zu verschlingen.

Zum **VERDAUEN** bleibt er dann wochenlang liegen.

In der afrikanischen **SAVANNE** ist von März bis Mai die große Regenzeit. Nach einer langen Trockenzeit wird die Serengeti langsam grün. Afrikanische Elefanten können Regenschauer bereits über 200 Kilometer entfernt hören. Sie spielen und planschen gerne im Regen, aber manchmal möchten sie lieber trocken bleiben!

Die Herde sucht Schutz vor einem aufziehenden Regenschauer.

Wie die meisten Katzen ist der luchsähnliche Karakal normalerweise nachts aktiv. Aber er geht auch manchmal tagsüber jagen, wenn es mehr zu fressen gibt. Sein sandfarbenes Fell ist die perfekte **TARNUNG**.

Der Karakal kann bis zu drei Meter hoch springen, um Vögel wie das Kräuselhauben-Perlhuhn zu fangen.

Manche Lebewesen sind schon den ganzen Tag unterwegs.

Rauchschwalben sind **ZUGVÖGEL**, die zweimal im Jahr über 10 000 Kilometer zwischen Europa und Afrika zurücklegen.

Bevor sie in ihr Winterquartier fliegen, stärken sie sich mit großen, saftigen Fluginsekten wie Bremsen. Wenn der Nachmittag dann warm und die Luft ruhig ist, treten sie ihre lange Reise an.

Schwalben können bis zu 300 Kilometer am Tag fliegen, dabei überqueren sie auch die Sahara im Norden Afrikas.

Selbst jetzt, als die Sonne langsam sinkt und der Himmel sich rosa färbt, schießen die Schwalben unermüdlich über ein Gewässer in Nordeuropa.

Köcherfliegen sind in ganz Europa verbreitet und haben stark behaarte Flügel. Die Weibchen schwärmen in der Dämmerung zu Flüssen und Gewässern, um ihre Eier im Wasser oder auf Pflanzen abzulegen. Die Larven schlüpfen und verweben Steinchen, Äste, Schilfstückchen und Blätter. In diesen Behausungen **VERPUPPEN** sie sich und verlassen sie einige Wochen später als erwachsene Köcherfliegen.

Die Sonne geht unter, und der Himmel strahlt rot über Fidschi. Die tagaktiven Meeresbewohner suchen ein ruhiges Plätzchen für die Nacht …

Im Korallenriff ernähren sich bunte, pflanzenfressende Fische tagsüber von nahrhaftem Seegras und Algen. Diese Pflanzen nehmen Vitamine und Mineralien aus dem Meer auf.

Während der Tag zur Nacht wird, verstecken sich die tagaktiven Fische zum Schlafen in ihren Löchern. Und allmählich kommen die nachtaktiven Bewohner hervor.

Neue Gesichter schauen aus ihren Schlaflöchern, bereit fürs »Frühstück«?

Hammerhaie schlafen
nicht wirklich, sondern
haben immer wieder
Ruhephasen.
Ein Korallenriff besteht aus
Kolonien dieser winzigen
Kreaturen, die mit Quallen
und Seeanemonen verwandt
sind. Sie werden **POLYPEN**
genannt. Nachts öffnen sich
die Korallen, um kleinste
Tierchen und Pflanzen,
sogenanntes **PLANKTON**,
zu fressen.

Während die Sonne hinter den HORIZONT sinkt, verschmelzen die Ränder im schwindenden Licht.

Hier in Nordamerika strömen Kleine Braune Fledermäuse aus ihren Schlafplätzen in den Klippen. Sie kreisen in der Luft und verschlingen dabei Insekten.

Eine Kleine Braune Fledermaus kann bis zu 1000 Moskitos, Käfer und Motten pro Stunde essen. Die Fledermaus sendet Ultraschallwellen aus, die von den fliegenden Insekten zurückgeworfen werden. Das nennt man **ECHOORTUNG**. Sie hilft den nachtaktiven Fledermäusen, im Dunkeln Insekten zu finden.

Ein Licht erstrahlt.
Dann hundert weitere.

Fledermäuse mögen Glühwürmchen nicht – sie schmecken schrecklich!

Das grüne Licht
der Glühwürmchen
pulsiert zwischen
den Blättern.

Das Glühen zeigt möglichen Geschlechtspartnern: »Hier bin ich!«

Nachts sieht man ihre flimmernden Botschaften am besten.

Die Dunkelheit lässt jegliche Erinnerung an den Tag verschwinden.

Mondblumen sind Kletterpflanzen und öffnen sich, sobald es dunkel wird. Sie verbreiten einen Geruch, der nachtaktive **BESTÄUBER** wie Motten anzieht. Die weißen Blätter leuchten förmlich im Mondlicht. So können Insekten sie noch einfacher finden.

In Südasien öffnen sich die schneeweißen Mondblumen weit. Motten flattern durch die kühle Luft, angelockt vom süß duftenden Nektar und den leuchtenden Blütenblättern.

Der Schwärmer hat eine lange, röhrenförmige Zunge, die man **SAUGRÜSSEL** nennt. Sie ist lang genug, um den Nektar in den Blüten zu erreichen. Ein Schwärmer kann beim Fressen in der Luft schweben. Die meisten Motten sind nachtaktiv und orientieren sich am Mond und den Sternen.

Pssst! In diesem kanadischen Wald schlafen die Bäume. Im Dunkeln lassen sie ihre Äste hängen.

Nachts, wenn es kühl und feucht ist, können Pilze auftauchen. Ihre Stiele und Hüte wachsen oberhalb der Erde. Unterhalb der Erde bestehen sie aus einem wurzelähnlichen **MYZEL**.

Bäume »schlafen« nachts wirklich. Wenn die Sonne untergeht, entspannen sie ihre Äste und Blätter ganz, ganz langsam. Ihre Zweige können dann bis zu zehn Zentimeter tiefer hängen. Wenn die Bäume bei Dämmerung aufwachen, erheben sie sich wieder.

Pilze leuchten an toten Baumstämmen und in der Erde zwischen lebendigen Baumwurzeln. Ameisen und Käfer knabbern an ihnen.

Pilze sind keine Pflanzen. Sie haben aus diesem Grund ihre eigene Organismengruppe – das **REICH** der Pilze oder Fungi.

Manche Pilze sind **BIOLUMINESZENT**. Das bedeutet, sie können Licht erzeugen. Das lockt Insekten wie Ameisen an. Ameisen essen dann die **SPOREN**, scheiden sie aus und verteilen sie im Wald. Daraus entstehen neue Pilze.

Die Nacht weht sanft durch die Bäume an einem englischen Fluss und kitzelt einen Fischotter wach, der am Ufer geschlafen hat.

Otter verfügen über ein hervorragendes Sehvermögen, um ihre **BEUTE** zu finden. Mit ihren sensiblen Schnurrharren nehmen sie außerdem Aale und andere Fische in ihrer Umgebung wahr.

Abends und nachts tauchen Otter bis zu 18 Meter tief, um **BEUTE** zu finden. Sie können ihre Ohren und Nasen verschließen und so vor Wasser schützen.

*Er hat von seinem Abendessen geträumt,
von leckeren Aalen, die sich im schlammigen Flussbett verkriechen.*

Aale sind sehr schüchtern und geheimnisvoll. Flussaale vergraben sich tagsüber im Schlamm von Flussbetten. Nachts fressen sie andere Fische und Weichtiere wie Schnecken.

Europäische Aale schlüpfen im Atlantik, im Sargassomeer in der Nähe von Bermuda. Als Larven treiben sie auf einer epischen Reise durch den Ozean. Sie brauchen etwa drei Jahre bis zur europäischen Küste. Schlussendlich suchen sie sich ihren Weg in die Flüsse, wo sie in den nächsten Jahren zur vollen Größe heranwachsen. Wenn sie geschlechtsreif sind, kehren sie ins Sargassomeer zurück, um sich fortzupflanzen. Nach dem Laichen sterben sie.

Im Norden und Süden des Planeten beanspruchen bunte Lichter den Himmel für sich.

In der nördlichen Hemisphäre werden diese Lichter Nordlichter oder Aurora borealis genannt.

Dieses Phänomen namens Polarlicht wird von Sonnenwinden hervorgerufen.

Sonnenwinde bestehen aus elektrisch geladenen Teilchen der Sonne. Wenn sie die **ATMOSPHÄRE** erreichen, werden manche vom Magnetfeld der Erde abgefangen und zu den Polen gelenkt. Dort vermischen sie sich mit Sauerstoff (grünes oder rotes Licht) und Stickstoff (violettes Licht).

Krabbentaucher sind arktische Vögel, die ihr Leben auf und um das Eis herum verbringen. Sie fressen tags und nachts, wobei sie bis zu 30 Meter tief tauchen, um Krustentiere und andere **BEUTE** zu fangen.

Walrosse können überall schlafen! Sie treiben beim Schlafen auf dem Wasser oder einer Eisscholle, schwimmen, stehen oder suchen sich an Land ein Objekt (oder einen Freund!) zum Anlehnen.

In der südlichen Hemisphäre werden die Lichter Südlichter oder Aurora australis genannt. Sie sind in der Nähe des Südpols zu sehen.

Polarlichter wirbeln in leuchtendem Rot und Lila und Grün in alle Himmelsrichtungen.

Antarktische Seebären fressen nachts. Ihre liebste **BEUTE** sind Laternenfische und Tintenfische.

Pinguine schlafen nie tief, lieber machen sie kleine Schläfchen. So sind sie immer wachsam und bemerken räuberische Robben.

An der Ostküste der Vereinigten Staaten herrscht spätnachts Trubel, während Singvögel den Sternen durch den dunklen Himmel folgen. Sie segeln über Wälder und weit hinaus auf den Ozean.

Manche Singvögel ziehen im Frühling und Herbst Tausende Kilometer weit zu und von ihren Geburtsorten. Sie reisen nachts, wenn weniger **RAUBTIERE** wach sind. Das Magnetfeld der Erde hilft ihnen bei der Orientierung. Außerdem lassen sie sich von den Sternen leiten. Wissenschaftler glauben, dass Küken schon im Nest lernen, die **KONSTELLATIONEN** am Himmel wie eine Karte zu lesen.

Sie beobachten, wie der Mond über dem Ozean scheint. Sie sehen kleine glitzernde Flecken auf den Wellen.

Durch **BIOLUMINESZENZ** leuchten nicht nur Glühwürmchen und Pilze, sie lässt auch das Meer funkeln. Winzige Organismen strahlen im Wasser, wenn die Wellen über sie schwappen.

Vor einer Insel im Indischen Ozean bleibt das helle Mondlicht an den wogenden Wellen hängen.

Riesige Krebse, die Palmendiebe genannt werden, verlassen ihre **BAUE**, wenn die Luft kühler wird und sie nicht so schnell austrocknen. Die bis zu vier Kilo schweren Krabben sind **KANNIBALEN**. Das bedeutet, sie fressen ihresgleichen. Außerdem fressen sie Kokosnüsse, die sie von den Palmen holen und mit ihren mächtigen Scheren öffnen. Beim Klettern jagen sie auch gerne Vögel wie den Rotfußtölpel.

Es lässt die glänzenden Panzer der
Krebse am Ufer aufleuchten.
Es schimmert auf samtigen Federn.

Im Gegensatz zu Singvögeln ziehen Meeresvögel am Tag umher. Doch der Rotfußtölpel bleibt das ganze Jahr am gleichen Ort. Er fliegt nur zum Meer, um Fische zu jagen.

Rotfußtölpel schlafen auf ihren Nestern oder in Bäumen. Sie stecken den Kopf unter ihre Schwanzfedern, um sich warm zu halten.

Als die Dunkelheit in diesem chinesischen Wald langsam verblasst, spiegelt sich das Dämmerlicht auf dem Fluss. Selbst im Dunkeln findet eine Eule ihr Abendessen.

Eulen haben eine besondere Schicht auf der Rückseite ihrer Augen, die Licht reflektiert. Deshalb haben sie eine hervorragende Nachtsicht. Außerdem wirkt es so, als würden ihre Augen nachts leuchten, was man **AUGENLEUCHTEN** nennt.

Im Gegensatz zu vielen Eulen jagt der Riesenfischuhu vor allem nahe am Boden und in der Nähe von Flüssen. Fisch frisst er am allerliebsten. Normalerweise jagt er bei Einbruch der Dunkelheit, er kann aber auch die ganze Nacht lang unterwegs sein, während er seine Küken aufzieht.

Der Riesenfischuhu ist die größte Eule der Welt und vom Aussterben bedroht.

Wie andere Hechte ist der Amurhecht ein Süßwasserfisch mit sehr scharfen Zähnen!

Leise schlägt er zu und zieht einen riesigen Fisch aus dem Wasser.

Die Nacht geht dem Ende zu,
aber in der Stadt schläfst du noch immer.

Neben dir beobachtet eine furchtlose Katze, wie sich die Dämmerung ein weiteres Mal über den HORIZONT schleicht.

Menschen sind tagaktiv. Das bedeutet, dass sie größtenteils tagsüber wach sind und nachts schlafen.

Manche Menschen arbeiten nachts und schlafen tagsüber. Allerdings widerspricht das dem Tagesrhythmus unseres Körpers, und viele von ihnen schlafen wieder nachts, wenn sie können.

Ein weiteres Mal erhellt sich der Himmel, während das Gezwitscher und Geplauder eines neuen Tags beginnt.

Auch Hauskatzen können sich anpassen. Sie sind nachtaktiv, jagen also nachts und schlafen tagsüber. Allerdings passen sie sich oft dem Rhythmus der Menschen an, bei denen sie leben, und bleiben teilweise tagsüber wach, um Streicheleinheiten und Leckerlis zu bekommen.

Eine Anleitung für Tag und Nacht

Morgengrauen

Bevor die Sonne über den **HORIZONT** klettert, wird der Himmel heller. Diese Tageszeit nennt man auch Dämmerung.

Tiere und Pflanzen, die zu dieser Zeit munter sind, sind **DÄMMERUNGS-AKTIV**.

Sonnenaufgang

Die Sonne steigt, erhebt sich schließlich über den **HORIZONT** und erwärmt die Luft.

Am Tag

Der Zeitraum zwischen Sonnenaufgang und -untergang, wenn die Sonne über den **HORIZONT** schaut und in einem Bogen durch den Himmel wandert. Dann ist es wärmer als nachts, es gibt mehr Nahrung, aber man wird auch leichter entdeckt.

Tiere und Pflanzen, die zu dieser Zeit unterwegs sind, nennt man **TAGAKTIV**.

Polarnacht und Mitternachtssonne

Ganz im Norden und Süden der Erde verlaufen die Tage anders. Sechs Monate im Jahr steigt die Sonne nie über den **HORIZONT**. Dann bleibt es immer dunkel, was man Polarnacht nennt. Während der anderen sechs Monate im Jahr sinkt die Sonne nie unter den **HORIZONT**. Dann ist es immer hell, was man Mitternachtssonne nennt.

Dieses Phänomen tritt auf, weil die Erde eine Schräglage hat. Wenn ein Pol zur Sonne geneigt ist, ist der andere Pol von ihr abgeneigt. An diesen Orten dauern die Tage oder Nächte deshalb länger als 24 Stunden.

Sonnenuntergang

Die Sonne sinkt unter den **HORIZONT**, weshalb Licht und Wärme nachlassen.

TAGAKTIVE Tiere und Pflanzen bereiten sich auf ihre Nachtruhe vor.

Abenddämmerung

Die Sonne sinkt weiter, auch wenn wir das nicht sehen können. Der Himmel wird dunkler, aber noch leuchtet ein schwaches Licht. Das ist auch die Dämmerung.

DÄMMERUNGSAKTIVE Tiere und Pflanzen regen sich wieder.

Nacht

Der Zeitraum zwischen Abend- und Morgendämmerung, wenn es dunkel ist. Die Luft ist kühler und feuchter. Es gibt weniger zu fressen, aber im Schutz der Dunkelheit können Tiere vermeiden, von ihren Fressfeinden gefangen zu werden.

Tiere, die zu dieser Zeit fleißig sind, nennt man **NACHTAKTIV**.

GLOSSAR

In Großbuchstaben geschriebene Wörter werden hier erklärt.

AAS: Das Fleisch eines toten Tieres. Wird von Aasfressern wie den Kondoren gefressen.

AASFRESSER: Ein Tier, das tote Tiere frisst.

ATMOSPHÄRE: Die Gashülle, die die Erde umgibt.

AUGENLEUCHTEN: Licht, das nachts in Tieraugen reflektiert wird, damit sie eine sehr gute Nachtsicht haben.

BAU: Ein Unterschlupf, den ein Tier in der Erde gebaut hat.

BESTÄUBER: Ein Tier, das bei der Vermehrung von Pflanzen hilft, indem es Blütenstaub, auch Pollen genannt, von einer Pflanze zur anderen trägt.

BEUTE: Ein Tier, das von anderen Tieren, sogenannten Raubtieren oder Fressfeinden gejagt wird.

BIOLUMINESZENT: Sind Tiere oder andere Organismen, die durch Biolumineszenz selbst Licht erzeugen können.

ECHOORTUNG: Die Methode, mit der Tiere wie Fledermäuse im Dunkeln Objekte finden, indem sie Schallwellen aussenden.

FLEISCHFRESSER: Ein Tier, das andere Tiere frisst.

HORIZONT: Die Stelle, an der die Erde an den Himmel grenzt.

KANNIBALE: Ein Tier, das seine Artgenossen frisst.

KONSTELLATION: Ein Sternbild, in dem Menschen zum Beispiel die Form eines Tieres oder eines Objekts erkennen, wie ein Bär oder Pflug.

MYZEL: Der größte Bestandteil eines Pilzes, der aus einem Netzwerk kleiner fadenförmiger Zellen namens Hyphen besteht. Das Myzel lebt normalerweise in der Erde, aber auch an anderen Orten wie verrottenden Baumstämmen.

ÖKOSYSTEM: Die Pflanzen, Tiere und weiteren Organismen, die in einer bestimmten Umgebung miteinander leben und interagieren, um zu überleben.

PFLANZENFRESSER: Ein Tier, das nur Pflanzen frisst.

PLANKTON: Winzige Tiere, Pflanzen und andere Meeresorganismen. Plankton ist das Hauptnahrungsmittel vieler Lebewesen im Ozean.

POLYP: Ein winziges Meereslebewesen. Der lebendige Teil von Korallen besteht aus Polypenkolonien.

RAUBTIER ODER FRESSFEIND: Ein Tier, dessen Beute andere Tiere sind, die es jagt und frisst.

REICH: Alle lebenden Dinge sind in Gruppen organisiert, damit wir sie besser identifizieren können. Die größten dieser Gruppen sind die Reiche, von denen es fünf gibt: die Reiche der Tiere, Pflanzen, Pilze, Protista und Monera.

SAUGRÜSSEL: Ein langer, röhrenförmiger Teil des Mundes von Kolibris und Schmetterlingen, die ihn benutzen, um Blütennektar zu trinken. Auch der Rüssel eines Elefanten ist damit verwandt und wird für viele Aktivitäten benutzt, unter anderem zum Trinken und Wasser-Versprühen.

SAVANNE: Ein Lebensraum, der auch als Grassavanne bezeichnet wird und über- sowie unterhalb des Äquators existiert. Eine Savanne ist von vielen verschiedenen Grassorten sowie einigen Bäumen und Büschen bedeckt.

SPORE: Ein winziger, samenähnlicher Teil eines Pilzes.

TARNUNG: Eine Farbe, Form oder ein Muster, durch das ein Tier nur schwer von seiner Umgebung zu unterscheiden ist.

TYMBALORGAN: Der Körper einer Zikade wird von einer harten Schale bedeckt, dem sogenannten Außenskelett. Das Tymbalorgan ist der Teil des Außenskeletts, den die Zikade vibrieren lässt, um Geräusche zu machen.

VERDAUEN: Der Prozess, bei dem unser Körper Nahrung aufspaltet, um Energie aus ihr zu ziehen.

VERPUPPEN: Das Stadium, in dem sich eine Insektenlarve wie eine Schmetterlingsraupe in eine sogenannte Puppe verwandelt. Dafür bildet die Larve eine Schutzhülle und bleibt in diesem Stadium inaktiv. Die Puppe eines Schmetterlings wird Chrysalis genannt. In der Chrysalis verwandelt sich die Larve in einen Schmetterling, dann schlüpft sie.

ZUGVÖGEL: Diese Vögel ziehen je nach Jahreszeiten an unterschiedliche Orte, um genug Nahrung sowie wärmere oder kühlere Temperaturen zu finden.